# ESCREVA SEU LIVRO
# AGORA!
## PLANEJAMENTO & ESTRUTURA

# ESCREVA SEU LIVRO
# AGORA!

## PLANEJAMENTO & ESTRUTURA

FELIPE COLBERT

CAPA
Felipe Colbert


REVISÃO
Felipe Colbert
Elaise Lima


DIAGRAMAÇÃO
Felipe Colbert

Este livro está em conformidade com o novo Acordo Ortográfico da Língua Portuguesa.

Colbert, Felipe
    Escreva seu livro agora!: planejamento e estrutura / Felipe Colbert – São Paulo, SP : Cadmo, 2017.
    80 pp.

    ISBN: 978-85-68758-08-3

    1. Contos – Arte de escrever 2. Escrita criativa 3. Romances – Arte de escrever I. Título.

                                                        CDD-809

# Introdução

**De escritor para escritor**

"Um guia para todos?"

Esse talvez tenha sido o principal pensamento que me fez demorar a escrever um livro de técnicas. Depois de tantos anos trabalhando no mercado editorial e me deparando com centenas de trabalhos incipientes, um projeto com este pode ajudar a muitos escritores. Mas também conheci autores que possuem vocabulários ostentosos, narrativas impecáveis, emoção à ponta da pena, e isso me pareceu ser natural deles. Essas pessoas deveriam seguir guias? Não sei. É possível que elas entendam que não há nada a se aprender além do que já dominam, basta continuar escrevendo bem. E acredito que a maioria dos escritores inicia sua carreira pensando que se enquadra nesse grupo.

Eu não tive essa ilusão.

Passei boa parte da minha vida contando histórias às pessoas que quiseram me ouvir, até que decidi escrever meu primeiro romance. Então, as pessoas começaram a me ler. Depois veio o segundo livro, o terceiro, e assim por diante. Mas o grande *turning point* (não se preocupe, essa é uma expressão que você compreenderá ao longo deste guia) da minha carreira foi o aprendizado de técnicas poderosas que tornaram meus livros mais interessantes — e por que não dizer, mais vendáveis. Sempre instruído de que a obrigação de um autor é emocionar o leitor.

Este é um guia prático, com dicas e instruções de como escrever com planejamento, mesmo que você deseje publicar na Amazon ou por demanda. Pensar que o mercado se restringe a grandes editoras é um conceito que ficou no passado. Hoje existem diversos canais de distribuição, especialmente virtuais, e você encontrará neles uma boa forma de ganhar dinheiro — se conseguir diferenciar e destacar seu produto.

Ainda assim, depois de ler este guia, é provável que você não esteja pronto para escrever o melhor livro do mundo, e eu odiaria enganá-lo ao dizer o contrário. Mas tenha calma. Considero este projeto uma boa orientação. Não sobre o que é certo ou errado, mas apenas o que eu fiz ao longo desses anos investindo em literatura para que conseguisse chegar aonde cheguei, e como isso deu certo para mim e para vários alunos meus que publicaram seus livros. E dentro do universo que criei, alguns segredos que, acredito, sirvam para todos os escritores.

Na primeira parte deste guia, nos encantaremos juntos com algumas dicas rápidas que reuni ao longo da minha jornada literária, que vai além da escrita de livros, pois analisei e aprovei bastante manuscritos como editor. Na segunda parte introduzirei técnicas internacionais valiosas, as mesmas que utilizo para iniciar meus projetos (e, diga-se de passagem, algumas delas já adaptei à minha maneira, que transmito a você). Entenderemos sobre Premissa, Cenas de virada e Escaleta, os três pontos essenciais para se planejar uma boa trama. Na terceira e última parte, finalizarei com algumas orientações que você pode tomar em relação à sua carreira.

Pretendo me dirigir a você de escritor para escritor durante todo o guia. Não me importa a quantidade de coisas que você escreveu, se já publicou um livro, se está no começo ou no fim, porque sempre haverá uma ideia nova, algo a se preencher em páginas em branco. Você também perceberá que sou bem objetivo e conciso — outra coisa que aprendi na minha árdua (e recompensadora) carreira. E respondendo à pergunta lá de cima, se este guia não é para todos, servirá para você, que acredita que sempre há algo a se aprender.

A seguir, inicio com dicas poderosas que talvez você ainda não tenha caído em si. Afinal, se você quer mesmo se tornar um escritor, precisa saber onde está se metendo.

Boa leitura!

**Quer ser escritor?**

Bem, então há duas coisas que você deve fazer: leia muito e escreva mais ainda.

Não há um só dia que eu não leia algo. Atualmente são muitos manuscritos por causa do meu cargo editorial. Se eu contar as cenas que meus alunos me enviam diariamente, as leituras críticas que faço e os livros que são lançados no mercado e eu compro, talvez esse guia já tivesse sido escrito há muito tempo.

Ler já se tornou uma rotina no meu dia a dia, como beber água ou acordar. E não é só isso: há fases em minha vida, enquanto escrevo um livro, que eu me obrigo a produzir uma cena a cada dois dias. Se eu não cumprir esse objetivo, acumulo duas cenas para os dois dias seguintes. Em caso de nova falha, três para os dois dias seguintes, e assim por diante. Isso me impele a escrever.

Ler também desbloqueia o processo criativo. A página em branco é intimidadora para qualquer escritor. Considero altamente recomendável que você leia um livro assim que perceber que não consegue escrever nada. De preferência, um romance que tenha similaridade com seu estilo e a trama que está desenvolvendo. Consuma algo que você tivesse *desejado* escrever. Além de destravar, se for um bom livro, vai melhorar sua narrativa.

Você já deve ter se perguntado: ser escritor é levar uma vida solitária? Sim. Funciona assim comigo, e funcionará com você. É improvável que você consiga ler e produzir bons textos em ambientes cheios ou que distraiam sua atenção. Pense nas horas que precisará se distanciar de sua família e amigos para escrever. Se não estiver preparado para isso, nem comece.

Como você se sentirá solitário, se apegará muito aos seus personagens. Cuidado. Apaixone-se por eles, mas saiba que não são eternos. Haverá um momento em que precisará cortar relações. Já vi casos de autores que não conseguem matar um personagem sequer.

Quando você terminar de escrever, entenda que *ter um livro* pronto não significa *ter um livro em uma livraria*. Há muitos passos para se conseguir uma publicação (que começa por assinar um contrato), e com muita sorte, você terá uma editora que distribuirá o seu trabalho em âmbito nacional, pois muitas não são capazes (a distribuição de um livro é extremamente onerosa para uma editora). Mas, como eu disse anteriormente, um livro não sobrevive apenas em editoras.

Ele é muito mais que isso.

## Escrever um livro não é sonho, é projeto

É normal as pessoas dizerem que escrever um livro é um sonho que elas têm. A chance de escutar isso quando entrevisto um escritor é enorme. Normalmente a frase vem quando eu pergunto qual é o objetivo dele. Então, eu complemento com tom de brincadeira: se escrever é um sonho, durma mais um pouquinho, e quando você acordar, me chame para falarmos do seu livro!

Você pode considerar a fala um pouco insensível, mas um livro é, antes de mais nada, um produto — um produto de arte, é bem verdade —, e a princípio deve ser encarado desta forma. Editoras sobrevivem de venda deles, e com você, não deveria ser diferente.

É inegável o prazer que sentimos quando escrevemos um livro, e mais ainda, quando o mesmo está pronto. Amamos nossos filhos de papel. Mas, pense em todos os recursos que você utilizou até chegar nesse ponto. Eu lhe diria que você precisou investir, no mínimo, tempo e muita energia elétrica. Isso quando não é necessário comprar um computador melhor, um software que lhe ajude a formatar o texto, se inscrever em um curso de escrita, contratar um coach, viajar para assistir palestras ou mesmo comprar livros de técnicas como este. Percebeu?

Encare a tarefa de ser escritor como uma carreira a ser remunerada mais à frente. Faça de cada livro um projeto. Tenha ambições, ou você poderá desistir no meio do caminho.

Dizem que muitas empresas fecham nos dois primeiros anos de atividade, especialmente se forem mal administradas. Pois bem, a empresa-escritor é livre de compromissos. Sua sede pode ser em qualquer lugar, inclusive uma cafeteria ou aquela escrivaninha abandonada no canto do seu quarto. Pode funcionar com um único funcionário — você mesmo. Você nunca precisará se aposentar enquanto cérebro e dedos estiverem ativos. Mas, atenção: para a empresa-escritor continuar a operar, necessita de recursos. Por tudo isso, acho extremamente justo que o livro que você escrever lhe dê um retorno financeiro pelo que você fez por ele.

Não que seja uma obrigação, mas você precisa tentar.

## Literatura nacional x literatura internacional

Não é meu objetivo criar aqui um debate sobre os motivos pelos quais as pessoas parecem preferir romances internacionais a romances nacionais. Na realidade, eu acredito que um romance, se bem estruturado e processado, pode ser tão bom como qualquer outro. Eu não costumo diferenciar romances nacionais de internacionais, mas é perceptível que muitos autores estrangeiros possuem mais cuidado na hora de realizar seus projetos. E talvez seja uma necessidade, pois a maioria dos mercados estrangeiros é mais concorrido que no Brasil.

Por aqui ainda sofremos com a falta de informações, ausência de instrutores, de boas instituições que formem escritores, entre outras coisas. E também não me parece propício gastarmos linhas deste guia divagando sobre preconceito literário, desordem cultural ou a pouca atenção que a imprensa e as livrarias dão a autores nacionais. Afinal, muitos romances internacionais já chegam "embalados", ou seja, tiveram retorno positivo lá fora e têm tudo para fazer o mesmo por aqui. Esses são os caça-níqueis dos editores.

Portanto, vou me ater apenas à qualidade do produto. E o primeiro passo para entrar de cabeça nesse difícil mercado é entender o que você pretende e o que você pode fazer pelo seu trabalho.

Para mim, um autor precisa:

1. Ser um bom contador de histórias

O contador de histórias determina o poder da história. Se a matéria-bruta está dentro de você, seja a ponte entre o imaginário e o real. Expressar-se corretamente é algo que deve ser natural de todo escritor. Nós *precisamos* contar histórias! Já ouvi dizer que escrever é um exercício contínuo de tradução — o escritor deve traduzir o que está no cérebro para a folha.

2. Ter capacidade de observação

Observe a todo instante. Não digo que você deva ser "enxerido", mas procure analisar as pessoas conversando no metrô ou em uma festa, por exemplo. Muito do que você captar, vai utilizar para dar voz aos seus personagens, portanto, anote sempre que possível. Antigamente autores carregavam blocos e caneta no bolso para não se esquecer de algo. Hoje você tem um computador chamado celular, que lhe acompanha aonde quer que vá. Não o desperdice, tampouco confie plenamente no seu cérebro.

3. Saber organizar ideias

Organizar ideias é um desafio. Conseguir transportar qualquer coisa do plano abstrato para o mundo real exige bastante disciplina e esforço. Existem inúmeros aplicativos que auxiliam na organização de ideias, mas sinceramente, não acredito que funcionem muito bem com escritores. A saída pode ser criar diagramas, anotar fichas de personagens, dividir o projeto em etapas, tudo em folhas simples de papel. Faça *brainstorms* com outras pessoas, em especial, escritores. Se ainda assim estiver com dificuldades de organizar ideias, verifique se domina o que deseja escrever. Um coach literário pode ajudá-lo em todos esses aspectos.

4. Conhecer estruturação de romances

Chegamos ao ponto. Técnicas de estruturação existem há dezenas de anos e sempre ajudaram a emocionar leitores. São extremamente necessárias. Muito se fala sobre Escrita Criativa e pouco sobre como estruturar um romance. Este guia vai ajudá-lo a controlar o rumo da sua escrita. Se a estrutura de um romance é extremamente complexa com seu núcleo principal e subtramas, seria um erro abrir o editor de textos e começar a escrever o livro sem nenhum planejamento, não é? Num primeiro momento você pode acreditar que é uma perda de tempo, mas, na verdade, eliminará um processo que poderia ser complicado mais à frente.

Provavelmente outros autores ou técnicos citarão uma lista diferente, com mais ou menos tópicos. Porém, eu digo mais uma vez: isso é o que dá certo para mim e para muitos alunos.

Esses foram os quatro pilares essenciais que indico para um escritor começar a construir bons romances nacionais.

## Menos é mais

Veja esses três exemplos:

• Menos móveis em uma sala podem deixar o ambiente com impressão de ser mais amplo.

• Menos botões em um celular podem fazer a operação do objeto ser mais rápida.

• Menos tempo para cruzar uma linha de chegada pode deixar o corredor mais competitivo.

Fazer menos e melhor é um desafio para muitas profissões e, para um escritor, não poderia ser diferente.

Na literatura, há muitos significados para o termo "menos é mais". Por exemplo, quando você corta um advérbio desnecessário. Quando você corta uma frase. Quando você corta um parágrafo. Quando você corta uma cena inteira.

Quando você corta, corta, corta...

Não se engane, você precisará excluir muitas coisas do seu livro até ele estar apresentável para o mercado! Eu sei, às vezes é melhor cortar um braço do que palavras do texto. Porém, um escritor só atinge a maturidade quando ganha habilidade de "enxugar" as cenas.

Alguns editores analisam um manuscrito pelas primeiras linhas, somente. Se não for pescado por elas, é provável que ele **não avance** para as seguintes. Parece cruel, mas **é** verdade.

Lembro-me até hoje de receber um manuscrito que possuía o verbo "estar" repetido doze vezes na primeira página. Não me senti impelido a continuar, porque provavelmente o autor executaria o mesmo artifício nas trezentas páginas seguintes, e essa espécie de verbo é uma palavra fraca (ele conta, não mostra). Outro erro comum é gastar vários parágrafos para se descrever cenários, climas ou descrições de personagens. Há realmente necessidade?

Gosto de um trecho bem realista do livro "Writing the Blockbuster Novel", de Albert Zuckerman, renomado autor e agente literário americano, que diz:

"O autor que não é capaz de pôr de lado um esboço de quinhentas ou oitocentas páginas, e começar tudo de novo, desde a primeira página, eliminando cenas e capítulos inteiros, alterando e enriquecendo relacionamentos, personagens e cenários, intensificando conflitos e clímax, talvez não consiga alcançar o elevado nível de drama persistente encontrado na maioria dos romances que vira best-seller."

Há uma razão para isso, e a resposta é que poucos bons autores (talvez nenhum deles) terminam de escrever e consideram o livro pronto. Reescrever é tão importante quanto escrever! E não deve ser encarado como uma penalidade: reescrever precisa ser a melhor parte do processo, onde você precisará de momentos em que deixará seu lado autor de lado e permitirá que o seu lado técnico atue. E, nesse momento, concentração é fundamental. Afinal, nosso cérebro foi concebido para trabalhar com o máximo de eficácia quando se dedica a uma única tarefa durante um período de tempo contínuo.

## Manipular, não enganar

Esta é uma expressão que assimilei ao longo da carreira e utilizo em palestras e cursos. Gosto de deixar claro que um autor pode (e deve) manipular um leitor, mas nunca enganá-lo.

Há uma grande diferença entre as duas palavras, embora muitas pessoas se confundam.

Manipular é influenciar um indivíduo para que este se comporte de determinada maneira. Como autor, meu propósito deve ser bastante preciso e equivale a utilizar-me de técnicas para atrair meu leitor e mantê-lo preso às páginas do meu livro pelo tempo necessário. Crio uma espécie de convencimento, de dependência, mas não no sentido ruim.

Enganar é induzir ao erro, iludir, lograr. Já vi autores e editoras venderem algo que não entregam em seus textos. Por exemplo, criar uma sinopse que não condiz com o conteúdo do livro. Ou então mudar o gênero durante a condução da trama. Mas, uma das piores situações que já vivenciei é perceber que o autor "matou" o protagonista no meio da história e continuou a trama com outro personagem. Isso destrói o sistema nervoso de um livro.

Omitir também é uma espécie de enganação. Trabalhei com escritores cujo foco estava na trama principal e esqueciam-se das subtramas que haviam criado. Não sei se por falta de interesse ou economia de tempo, simplesmente ignoravam a resolução das mesmas. Por isso, tenha cuidado para não deixar pontas soltas no livro. Em diversas ocasiões, criei planilhas que me mostravam, ao longo das cenas de um livro, onde um elemento surgia e desaparecia. Era bastante trabalhoso, mas prefiro me preocupar com um trabalho a mais do que ter um leitor a menos.

## Conflito, conflito, conflito

Tenha em mente: um leitor compra um livro para ler conflitos! Portanto, todo romance precisa estar recheado deles.

Embora na vida real consideremos o conflito como algo inaceitável e que deva ser evitado, para a trama, funciona como o oposto.

É o conflito que define o obstáculo ou desastre de cada cena.

Obstáculos são conflitos de menor intensidade. Desastres são conflitos que precisam de mais tempo para resolução. Como o personagem vencerá esses entraves é o que definirá o grau de interesse do leitor em seu livro. E por um simples motivo: a condução e resolução dos problemas é o que move a história adiante. Portanto, nada deve ser colocado por acaso no livro.

Se um conflito for levado mais à frente, isso potencializa a trama. A pressão pode fazer com que o seu personagem tome decisões precipitadas ou instintivas, e não consiga resolver um problema assim que ele surge. Também, quanto mais o conflito se torna pessoal para o personagem, mais envolverá o leitor.

Conflitos sempre temperam um romance. Não deixe de colocá-los.

Sem conflitos não há ação; e sem ação, não há história.

## Livro bom é livro que vende

Será que essa é uma frase válida para você carregar na sua jornada como escritor?

Eu diria que, para quem trabalha no mercado editorial, sim.

A maioria dos escritores quando recebe uma carta de recusa após a análise de um manuscrito por uma editora (nos casos em que a resposta chega!) esquece que está negociando com uma empresa e que esta sobrevive ao comercializar livros. Portanto, grande parte dos editores só desejará publicar romances em que prevê sucesso editorial, de preferência, que entrem em alguma lista de mais vendidos.

Eu não canso de dizer que sou um escritor comercial em minhas palestras e apresentações. Isso causa certa estranheza na maioria das pessoas, mas já me acostumei. Porque a palavra comercial está muito ligada a *lucro*. Porém, a não ser que você almeje permanecer com o seu manuscrito guardado no fundo de uma gaveta, escrever um livro deve ser encarado como um investimento, e ele terá que lhe dar retorno mais à frente, para que você continue a escrever outros.

Não pense que você não gastará nada para escrever o seu primeiro romance, pois o mínimo que necessitará investir é o seu tempo livre. Isso quando não precisa inscrever-se em um curso, comprar um computador ou software novo ou mesmo adquirir guias de escrita como este. É claro que você pode seguir princípios diferentes, pois o sucesso sempre estará ao alcance de todos.

No meu caso, estudei muito sobre mercado editorial antes mesmo de escrever o primeiro livro para entender que tudo é investimento. E deu certo.

## Mas o que vende o livro?

Se você escolhesse uma das respostas abaixo, qual seria?

- Tema polêmico

- Capa invejável

- Boa narrativa

- Marketing

- Assessoria de imprensa

- Preço

Eu responderia: todas essas opções e muitas outras! Não há um único processo que fará o livro vender bem. Dificilmente você conseguirá excluir uma dessas respostas, e talvez, nem a junção de todas acarretará em êxito.

Tenha sempre em mente que não existem fórmulas. Caso contrário, seria bem fácil alcançar o sucesso, não é?

No início da minha carreira, recebi a proposta de um editor que me disse que publicaria meu livro se eu escrevesse sobre um tema polêmico. É uma boa sugestão? Talvez. Mas, e todo o resto? Devo desconsiderar?

Já li romances que tinham excelente narrativa e uma trama bem polêmica, mas que não fizeram o sucesso confiado pela editora. Enquanto isso, livros com menos expectativa alcançaram a lista dos mais vendidos de forma inesperada.

Não tente compreender.

Tente fazer dar certo, apenas isso.

**Responda se puder: quem realmente vende o seu livro?**

Essa é uma pergunta que gera muitos debates. Sempre que a faço, escuto coisas como "livraria", "editora" e até mesmo "autor".

No meu entendimento, quem realmente vende o livro é o *leitor*.

Se quisermos ir mais fundo, o *leitor influenciador*.

Perceba que você ouviu falar da maioria dos Best-sellers por indicação de outras pessoas, ou porque alguém descreveu uma resenha ou opinião em algum lugar. Portanto, não existe espetáculo sem público. E, consequentemente, não existe bom espetáculo sem aplausos.

Se você não conseguir mobilizar o leitor a comentar sobre o seu livro, você poderá ter falhado.

Vários problemas podem ocorrer para que impeçam o leitor de comprar o seu livro (e nem estou citando divulgação e marketing). Alguns deles são de responsabilidade da editora; outras, do autor. Como por exemplo:

*Falta sensução de urgência.*

*Sinopses longas tendem a afastar o leitor.*

*O livro é caro.*

*O leitor não confia no autor ou na editora.*

*Público-alvo indefinido.*

Em relação a este último item, creio que merece uma atenção especial. Vamos a ela?

## Público-alvo

O público-alvo é determinado por interesses e necessidades. Um escritor que não sabe exatamente qual o seu público-alvo pode estar fadado ao fracasso.

Antes de pensar na ideia, defina *para quem* você vai escrever. É com base nessa informação que você adequará a condução da sua narrativa. Com o público-alvo definido, trabalhe a ideia. Lembre-se que existirão inúmeros livros com temática similar ao seu. Então, o que faz da sua história uma grande história?

Alguns públicos são mais abrangentes, outros mais restritos. Antigamente definia-se público-alvo apenas como infantil, infanto-juvenil e adulto. Hoje verificamos configurações diferentes.

Há inúmeras maneiras de classificar o público-alvo: sexo, idade, preferências, classe social, escolaridade, local de residência, hábitos de consumo, lazer, profissão, acesso à informação, entre outros. Mas, por favor, não confunda público-alvo com gênero! Não defina seus leitores como chick-lit, distopia, policial, terror, fantasia, etc. O leitor de determinado gênero não está restrito a ele, seria uma imprudência pensar nisso. Ninguém está preso a nada.

Um público adulto tende a ser mais exigente com o texto, enquanto o público infantil, não.

Se ainda continua em dúvida, existem algumas perguntas que podem lhe ajudar a definir o público-alvo:

*Qual a principal característica que deve ter o seu leitor?*

*Quais os benefícios que o leitor terá ao ler seu livro?*

*Seu público é conservador ou volátil?*

*Você deseja levar entretenimento ou "tocar fundo"?*

*Quais outros livros o leitor costuma ler além do seu?*

Depois de encontrar o público-alvo, será mais fácil você definir a editora a qual deseja enviar seu manuscrito. Muitas delas possuem linhas editoriais definidas, porque já têm o público-alvo nas mãos.

Lembre-se: seus leitores devem vir em primeiro lugar, sempre!

## Ideia original

Sinto informá-lo, mas originalidade é algo cada vez mais difícil de se encontrar. Tudo que você pensar em escrever, possivelmente, alguém já teve ideia semelhante. Eu escrevi livros cujo enredo foram comparados a filmes bastante conhecidos — mesmo que eu não tenha efetivamente me baseado neles.

O que você precisa fazer é *transmutar ideias*.

Há uma frase que escutei certa vez e nunca mais me esqueci: "Um bom romance é um personagem excepcional, passando por dificuldades excepcionais, para se chegar a um final excepcional". Excepcionalidade me parece ser a chave. Soa melhor do que originalidade, pois me dá a impressão de potencialização.

E por que é importante dizer isso?

Porque volta e meia eu me deparo com escritores que querem alcançar a perfeição, e com certeza isso atrapalha o processo criativo. Seja razoável com o seu cérebro! Isso não quer dizer que você não dará o melhor de si, mas você precisa saber o momento certo de finalizar seus projetos e dizer: "Bem, foi o melhor que consegui fazer!".

## Resuma sua história em uma única palavra

Como escritor, sua obrigação é trabalhar a arte da literatura de forma a mostrar emoções, propor ideias e cativar lembranças através de palavras. E se você consegue fazer tudo isso através de um texto inteiro, complexo, seria capaz de fazer também com apenas uma única palavra?

Vejamos por este ângulo: se alguém chegasse e lhe perguntasse qual a melhor palavra que resume a sua vida... Já pensou nisso? A princípio, esta parece ser uma tarefa hercúlea, não é mesmo? Você diria até mesmo, impossível?

Bem, devo-lhe dizer que não é tão diferente assim com a história que você terminou de escrever!

Seguindo este raciocínio, você seria capaz de executar a mesma tarefa, ou seja, exprimir uma palavra que definisse toda a aventura que escreveu, sem precisar pensar muito?

Pois bem, esta palavra precisa ser o elemento fundamental da história, o pilar que segura toda a estrutura de uma imensa ponte que será erguida. Acima desta ponte, podemos dizer que a trama "passeia". Então, se não existe um pilar firme, fundamentado... sua história simplesmente não acontece!

Porém, não adianta nada escolher esta palavra se ela não tiver ligação com o seu público-alvo. O foco é e será sempre o seu leitor. Aguçar a curiosidade dele, de forma a cativar sua leitura. Neste caso, a palavra "transformação" pode ter um significado bastante relevante para quem escreve literatura fantástica. A palavra "jornada" para uma aventura. "Redenção" para uma história romântica — e assim por diante.

Se você souber definir sua história em uma palavra que gere interesse para seu público-alvo, é porque sua ideia tem força suficiente para fazer o leitor seguir em frente.

## Quando termina?

Um projeto pode levar meses. Talvez, um ano. Ou anos. Na verdade, não me lembro de ter tido nenhum autor que escreveu um romance em menos de oito meses.

Os dois primeiros meses são recomendados para se fazer a estrutura da história, que é a base que trataremos neste guia. Eu recomendo mais dois meses para se fazer as revisões, algo extremamente importante e inevitável após a escrita das cenas.

Revisão é a fase em que o autor lê todas as cenas, analisa pontas soltas, exclui palavras e termos fracos, troca sentenças e até mesmo reescreve cenas inteiras. Não acredita?

Um dos meus livros passou por 18 revisões. A primeira versão possuía cerca de 125 mil palavras. Caiu para aproximadamente 87 mil. Foram quase 40 mil palavras excluídas para que eu tivesse certeza que o manuscrito não seria dispensado de uma análise por ser longo demais.

Defina algumas horas do seu dia para a revisão. Provavelmente você terá melhores resultados se imprimir o manuscrito e utilizar uma caneta para rabiscá-lo, mas não me pergunte o porquê. Pode ser que o computador lhe tire um pouco da concentração. Ou quem sabe, nada seja mais fulgente para o cérebro do que letras impressas em um papel branco. Tanto faz. O que importa é que você fará a revisão do seu manuscrito.

E não será apenas uma.

## Parte II

## Técnicas de Estruturação

Escrever um livro sem planejar sua estrutura é uma péssima decisão. Entendo que muitos autores iniciantes ficam ansiosos em dar vida aos personagens (parece clichê, mas a expressão é altamente compreensível em nosso meio) e começam a escrever incontrolavelmente. Porém, tome cuidado. Isso pode lhe custar caro no futuro.

Syd Field, em seu livro "Manual do Roteiro" (Ed. Objetiva), descreve:

"Uma história é um todo, e as partes que a compõem — a ação, personagens, cenas, sequências, Atos I, II, III, incidentes, episódios, eventos, música, locações, etc. — são o que a formam. Ela é um todo. Estrutura é o que sustenta a história no lugar. É o relacionamento entre essas partes que unifica o roteiro, o todo."

Não estranhe a citação de roteiros aqui. Se você já viu um, compreende o quanto as duas linhas se aproximam, roteiros e livros. E parte do planejamento e construção da estrutura é feito igualmente para ambos.

A condução da trama é algo trabalhoso e precisa ser bem elaborada, ou você não transmitirá a maturidade necessária que uma boa obra necessita. Portanto, assim como acontece em outras profissões, o planejamento é essencial para se chegar a algum lugar de forma segura e bem consolidada.

E tudo se inicia pela Premissa.

## 1. Premissa

Se procurássemos a palavra no dicionário, encontraríamos algo nesse sentido:

*(s.f.) Ideia ou princípio de que se parte para formar um raciocínio ou estudo.*

Se pensarmos em literatura, "raciocínio ou estudo" significaria o livro, ou seja, o seu objetivo final. Mas, para se chegar a esse objetivo, é necessário "plantar uma semente". Esta "semente" seria a ideia proposta inicialmente para o projeto, ou seja, o enredo.

**A Premissa é o conceito essencial que move a trama, a primeira expressão do romance. Será a base onde você construirá os seus personagens, seus conflitos, seus dramas, suas conquistas, etc.**

Há outra consideração importante que se deve levar em conta ao se cogitar em fazer a Premissa, e ela se chama "Amarração". Mas o que isso significa?

Muitos escritores pensam que Amarração é o ato de prender o leitor ao livro. Eu lhe adianto que isso é uma consequência, não uma ação.

Amarração significa prender o personagem principal (ou protagonista) ao livro.

É muito simples: o protagonista não pode simplesmente desistir da história. Imagine que você está construindo um romance policial e o seu personagem principal chega à conclusão que a trama é muito complexa para ser resolvida por ele. Então, ele decide "desistir" do livro e entregar o caso a outras autoridades. Seria bem estranho, não é? Para não dizer, desequilibrado.

A jornada do seu herói deverá ser espinhosa, porém recompensadora. Se o protagonista não se sente atraído pela trama, qual será o efeito disso no seu leitor? É uma reação em cascata. Afinal de contas, todo protagonista possui um objetivo que deverá ser cumprido (ou não) a longo prazo no livro.

Dentro da Amarração, existem dois tipos possíveis: física e emocional.

## Amarração física

Eu diria que, até certo ponto, a Amarração física é mais simples. Afinal, como o próprio nome diz, é necessário algo que prenda *fisicamente* o personagem principal à trama.

Utilizei este recurso no meu primeiro livro, "A Entrevista Ininterrupta". O romance narra a história de um apresentador de talk-show que sofre um atentado ao vivo durante a transmissão do seu programa e não pode se levantar da cadeira, pois existe uma bomba embaixo dela e poderá explodir matando a si próprio e outras pessoas no estúdio. Nesse caso, além da Amarração física, há o sentido de urgência em resolver o problema.

Você pode, por exemplo, fazer o seu personagem principal viajar de uma dimensão a outra e tentar voltar ao seu mundo. Pode colocá-lo dentro de um trem que nunca para nas estações porque o mundo passou por um apocalipse e as plataformas estão repletas de zumbis. Ou permanecer com o protagonista preso dentro de um caixão do início ao final do livro.

Há muitas formas de prender um personagem fisicamente em livros e filmes, basta ser criativo.

**Amarração emocional**

Emoção é um fenômeno complexo, portanto, este tipo de amarração deve ser mais contemplativo. Além de toda emoção ser uma experiência subjetiva, ela está associada ao pensamento e comportamento dos personagens. Também pode depender de estímulos externos.

Por favor, não pense que o "amor" simples e puro amarra um protagonista. Esse é um grande pecado que percebo em autores que decidem escrever romances românticos, chick-lits, dramas, etc. A melhor maneira de se tratar amor dentro de uma história é associá-lo a algum outro efeito ou dispositivo. Como em "A Última Nota", por exemplo.

O livro narra a história de Alicia, jovem violinista e de descendência grega, que opta por tocar uma música original de seu falecido avô em um concerto da faculdade ao invés da melodia programada, se emocionando e errando a última nota. No dia seguinte, recebe o telefonema de alguém de um hospital informando que um rapaz foi encontrado nu próximo ao local da apresentação, e que ele se recorda apenas do nome dela. Alicia não descobre de quem se trata e conta para sua avó, que decide levar o estranho para casa. A partir deste ponto, o encontro diário entre eles se torna inevitável; e Alicia perceberá que se apaixonará pelo rapaz enquanto tenta descobrir o seu passado.

Veja que, neste caso, utilizei um ótimo recurso para aproximar os personagens e, assim, fazer o amor entre eles sobressair.

Você poderá utilizar os dois tipos de Amarração na mesma história, física e emocional, e não é tão difícil quanto pensa.

Procure analisar bons livros que possui na estante e descubra qual o tipo de Amarração que eles possuem. Tenho certeza que irá se impressionar com a habilidade dos autores. Estava na sua cara o tempo todo e você não percebia.

### Como criar a Premissa?

É muito simples. Mas antes de iniciarmos a construção de uma Premissa, é importante citar: cada história possui um único enredo. Isso se deve ao fato de que, à exceção de pouquíssimos romances publicados no mundo, cada história possui um único protagonista.

Você precisa determinar qual dos seus personagens será o herói do seu livro. É necessário que esteja bem definido já nesta fase. Em geral, é o personagem que se sobressai no livro, aquele no qual o leitor mais se aproxima (ou que ele mais se identifica).

A disciplina de criar uma boa Premissa vai impedi-lo de perambu-lar demasiadamente longe do seu conceito original e manter a sua trama em um caminho estável desde o início até o fim. Em outras palavras: uma vez que você determinou a Premissa da sua história, ao terminar o seu manuscrito, compare os dois. A Premissa precisa se encaixar exatamente com o que escreveu. Se isso não acontecer, algo deu errado no meio do caminho. Minha sugestão é: reescreva partes do livro ou adapte a Premissa ao novo enredo.

Como disse antes, construir uma Premissa é muito fácil. Eu lhe adianto que são apenas cinco perguntas que você deverá responder, e elas nem são tão complexas. Depois disso, basta excluir essas per-guntas da folha, juntar as respostas e pronto, a sua Premissa estará construída!

Vamos lá. O enredo de qualquer história deve responder a cinco questões:

1. Qual a situação inicial da trama?

2. Quem é o protagonista (personagem principal)?

3. O que o protagonista pretende alcançar ao chegar no final da tra-ma?

4. Quem ou o que é o antagonista?

5. O que o antagonista faz para impedir o protagonista de alcançar o que pretende?

Agora, veja o exemplo abaixo. Esta é exatamente a Premissa que eu criei antes de escrever o meu segundo romance, "Ponto Cego" (http://migre.me/v5Nps):

(1) Um ano após a separação, vivendo com o arrependimento de ter sido o principal causador do acidente que fez Nilla interromper a gravidez de quatro meses e depois de receber uma mensagem de socorro enviada por ela, (2) o repórter Daniel Sachs (3) (a) **decide** viajar para Veneza a fim de resgatá-la e reconstruir sua vida ao lado da ex-mulher. Sabendo que a última pessoa a falar com Nilla foi o ilusionista cego, Lorenzo Oro, (b) ele **conseguirá**, com a ajuda do investigador Giuseppe Pacino, salvá-la de um esquema criminoso que sequestra mulheres e as utiliza na produção de filmes snuff, arquitetado por (4) XXX*, (5) que vai utilizar-se de YYY* para forçar Daniel a ZZZ*?

(*) *Observação: não pretendo revelar esses trechos aqui neste livro de técnicas, afinal, estragaria sua vontade de ler Ponto Cego.*

Vamos a algumas observações...

Repare que eu numerei cada uma das respostas para que a sua compreensão fique mais simples.

As primeiras 3 linhas da Premissa respondem à questão n° 1, sobre a situação inicial da trama. Eu diria que ali resume-se praticamente 10% do meu livro (voltarei ao assunto mais à frente, em Cenas de virada). De qualquer forma, na Premissa, é necessário *ambientar* o leitor com o que você pretender apresentar ao longo do livro. No meu caso, cito um acidente e um trauma (arrependimento), que são extremamente importantes para o desenrolar da história e estão diretamente ligados à Amarração emocional.

A 2ª. questão é bem mais simples de responder. Como eu escrevi antes, o protagonista do seu livro precisa estar bem definido. Neste ponto, basta que você o cite. No meu caso, um repórter chamado Daniel Sachs. Poderia ser o Pequeno Príncipe, a jovem loira Alice, o órfão Harry Potter, apenas para citar alguns bons exemplos.

A resposta à 3ª. questão pode ser resumida em uma única palavra: objetivo. Pense que este protagonista precisa cumprir uma meta no livro. Todos nós temos objetivos "a longo prazo" em nossas vidas, e não seria diferente com o seu personagem principal.

A resposta precisará ser dividida em duas partes, "a" (ex. decide) e "b" (ex. conseguirá), por um simples fato: repare que a premissa termina em uma pergunta, que se inicia na questão "b". A resposta a essa pergunta é SIM ou NÃO, nunca TALVEZ. Ou o protagonista alcançará o objetivo proposto, ou ele falhará. Portanto, dentro da Premissa citada anteriormente, Daniel Sachs conseguirá cumprir o objetivo? SIM ou NÃO?

Se você optar pela segunda opção na sua trama, saiba que correrá um risco, pois o leitor sempre espera que o protagonista vença. Se o seu protagonista perder, ao menos procure passar uma boa mensagem no final das contas. Um bom exemplo disso é "O Menino do Pijama Listrado", de John Boyne. Não citarei o final do livro aqui, mas se tiver oportunidade de ler, entenderá o que estou dizendo. É um livro que recomendo a todos os meus alunos.

Sobre o antagonista, a resposta à 4ª. questão... Note que eu pergunto "Quem ou o quê". Eu reconheço que em 90% dos romances o antagonista signifique uma pessoa, porém, nem sempre é assim. Por exemplo, qual o antagonista no romance "A Culpa é das Estrelas", de John Green? Uma doença (câncer). Agora imagine que você está criando uma história sobre um pai de família desempregado há cinco anos. O único emprego que oferecem a seu personagem é trabalhar dentro do Instituto Butantã, em São Paulo. Porém, o protagonista possui *fobia* a cobras e serpentes. Percebeu quem é o antagonista? Ele não existe fisicamente, é imaterial. Pode ser uma emoção ou um trauma, por exemplo.

Por fim, respondendo à 5ª. questão, qual será o objetivo do antagonista? Pois se o protagonista tem uma missão a cumprir, o antagonista também deve ter. É o choque entre esses objetivos que dará encantamento ao livro. Se um dos dois conseguir atingir sua meta, o outro falhará. Este deve ser o grande conflito da trama.

Para mim, o antagonista tem que ser quase tão importante e bem construído quanto o protagonista. É esse equilíbrio de forças que manterá a atenção do leitor ao seu livro, fará ele colar os olhos nas páginas em busca da resolução.

### Elemento excepcional. O que é?

Você deve ter observado que, dentro da minha Premissa, dois pontos chamam a atenção. O primeiro deles é a citação a um "ilusionista cego". O segundo, "filmes snuff". Pode ser que você já tenha visto ou ouvido falar em algum destes elementos (ou nos dois), mas talvez não se recorde de outra história que tenha abordado isso.

Eu diria que o efeito de um elemento excepcional é fazer o editor pensar: "Preciso ler esse manuscrito para descobrir como esse autor construiu isso!"

Elemento excepcional é aquilo que diferencia o seu romance, que tira-o da curva. Eu coloco elementos excepcionais em todos os meus livros. "Belleville", por exemplo, é uma história sobre viagens no tempo através de uma *montanha-russa*. Em "Para Continuar", temos as *lanternas orientais*, que aparecem e desaparecem conforme duas pessoas se amam ou se separam no bairro da Liberdade, em São Paulo. Compreendeu?

Então, qual será o elemento excepcional da sua história?

**Por falar nisso, a quem se destina a Premissa?**

Além de você, a Premissa servirá apenas para o editor, nunca para o leitor. Portanto, não se preocupe em esconder informações que podem revelar o final do livro, como o antagonista, por exemplo. Ao contrário da sinopse, que precisa deixar aquele ponto de interrogação na cabeça de quem lê. Muitas vezes a sinopse pode ser escrita baseando-se na Premissa, mas nunca o contrário. Porque a sinopse é desenvolvida no fim do processo de produção editorial, dificilmente antes.

Eu diria que uma boa Premissa deve ter entre 8 e 12 linhas, não mais do que isso. Você pode utilizá-la no Book Proposal, que não trataremos neste guia, mas que é um documento de apresentação ao editor, muitas vezes considerado a maior expressão de marketing que você pode fazer sobre o seu manuscrito.

Depois de toda essa explicação, podemos dizer que a Premissa é usada para traçar o caminho que o protagonista da sua história usará para atingir as metas dele, sem possibilidade de retorno.

**Exercício:**

Creio que agora você está pronto para escrever a Premissa de seu próximo romance.

Imprima e utilize as linhas seguintes para exercitar, ou preencha em uma folha de papel em branco. Lembre-se da Amarração, da missão do protagonista, do conflito principal. Não utilize muitas linhas. E atenha-se a incluir pelo menos um elemento excepcional.

Para facilitar, repetirei as perguntas e deixarei espaço para as suas respostas.

1. Qual a situação inicial da trama?

_____

_____

_____

_____

2. Quem é o protagonista (personagem principal)?

_____

3. O que o protagonista pretende alcançar ao chegar no final da trama?

(a) _____

_____

_____

(b) _____

_____

_____

4. Quem ou o que é o antagonista?

_____

5. O que o antagonista faz para impedir o protagonista de alcançar o

que pretende?

_____

_____

_____

_____?

## 2. Cenas de virada

Também chamadas de "Turning points" ou "Plot points", as Cenas de virada são essenciais na estrutura macro da trama. Vale observar que um livro é composto de várias cenas, e essas cenas estão inseridas dentro de capítulos. Normalmente você as diferencia quando elas são separadas por "***" ou um símbolo qualquer dentro da diagramação de um livro. E você também está mais habituado às Cenas de virada do que possa imaginar.

Observe o diagrama:

| | 10% | 25% | 50% | 75% | 90% | |
|---|---|---|---|---|---|---|

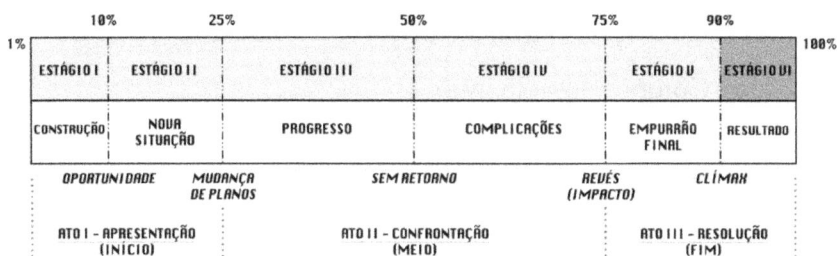

*Você encontra a mesma imagem em uma escala maior na pág. 62*

Encare-o como se fosse o seu livro.

Esta é uma representação macro da trama, composta por um encadeamento de cenas (iniciada no 1%), onde cada cena leva obrigatoriamente à cena seguinte, até o final do romance (100%). Repare que, mais abaixo do diagrama, temos Ato I, II e III sinalizados.

Agora, vamos começar depurando o que esses três atos representam.

O Ato I é o início da unidade dramática (apresentação). O autor precisa apresentar a trama, os personagens, as circunstâncias e relacionamentos entre protagonista e demais personalidades do enredo. Não há um número de páginas declarado, mas você pode perceber que este ato compõe o primeiro quarto do livro (25%).

O Ato II seria a confrontação. É a fase em que o protagonista enfrenta a maior parte dos obstáculos que o impedem de chegar logo ao final do seu objetivo. Eu diria que é onde mais *seguramos* o leitor para que ele não fuja da trama. Mas, para isso, é necessário bastante habilidade na construção da história, especialmente por ser um longo trecho. Compõe 50% do livro.

O Ato III é a resolução da trama. Você não deve se esquecer de "apertar os nós que estão frouxos". Toda história precisa de uma solução, mesmo que ela não seja a que o leitor mais espera (e, às vezes, é até conveniente que não seja). O protagonista alcançará ou não o seu objetivo? A resposta só será descoberta nos últimos capítulos (obviamente). O Ato III compõe os 25% restantes.

Dentro dos três atos, temos as cinco Cenas de virada (10%, 25%, 50%, 75%, 90%).

**Mas o que é uma Cena de virada?**

A Cena de virada é qualquer incidente que une duas fases da história, e que surge inesperadamente. A interferência desse incidente possivelmente criará um novo conflito, motivando a mudança no desenvolvimento dramático.

Eu estabeleço uma metáfora para Cenas de virada.

Imagine que você possui uma bola de basquete nas mãos. Você deve jogá-la em uma parede. Você executa o movimento. Porém, ela cai em um local diferente de onde você esperava que ela caísse. *Esse* é o sentido da Cena de virada.

Há formas para se pensar em Cenas de virada. E é isso que veremos agora.

(**10%**) – A primeira Cena de virada ocorre aos 10% da história e chama-se "oportunidade". Pergunte-se: qual a melhor maneira de começar o seu livro? Você conseguiria fazer a apresentação de personagens e da trama até os 10% da história? É necessário apresentar todos os personagens nesta fase?

Quanto à última pergunta, óbvio que não. Alguns personagens surgem naturalmente nas outras fases do livro. Mas, é importante que o leitor não tenha a impressão que eles estão "caindo de paraquedas" na história para resolver uma ou outra situação. Se precisa apresentar um personagem mais à frente, tente criar uma lacuna para ele até os 10%. Por exemplo, em "Ponto Cego", o personagem ilusionista cego não surge nesta fase. Mas, se eu coloco o protagonista citando a palavra "ilusionismo" até os 10%, abro uma perspectiva para o que virá — no caso, a presença desse personagem importante.

Recorda-se da primeira pergunta da Premissa? Qual a situação inicial da trama? Pois bem, tente fazer isso em 10% do seu livro! Invariavelmente, é importante citar que Cenas de virada têm a ver com o protagonista, uma vez que ele é o herói da jornada. Portanto, a cena de 10% será a "oportunidade" de mudar a situação inicial dele.

Ainda em "Ponto Cego", eu interpretaria como o momento em que Daniel Sachs recebe um estranho cartão de memória e coloca na máquina fotográfica da empresa. Ele visualiza um vídeo de pedido de socorro da sua ex-mulher, Nilla. Isso definitivamente muda a situação do personagem, pois apresenta a ele um objetivo.

O mais importante é: você tem 10% para capturar o leitor! Conseguirá?

(25%) – Mudança de planos. Depois de criar uma nova situação na trama, é preciso provar ao leitor que o protagonista alterou completamente do seu estado de inércia (0% da história) até esta fase. Depois de apresentado o objetivo, seria conveniente que o leitor se encantasse com uma reviravolta na vida deste personagem.

Em "Ponto Cego", depois de descobrir onde sua ex-mulher desapareceu, Daniel pisa pela primeira vez em Veneza, um lugar desconhecido e bastante complicado de se orientar à noite e com chuva. Perceba que mudei completamente a situação inicial do personagem. Tirei ele da "zona de conforto" para uma missão extraordinária que desafiará os seus limites.

Nesse ponto, o seu protagonista poderia, por exemplo, descobrir novos poderes ou viajar de uma dimensão a outra. Poderia ser levado a um presídio de segurança máxima. Poderia matar alguém. São muitas possibilidades.

Depois dessa virada, entraremos no "progresso". É onde a trama ganha velocidade, e o grau de interesse do leitor aumenta, pois verificamos a fase da confrontação dos problemas.

(50%) – Antes de conversarmos sobre esta Cena de virada, faço uma ressalva: é muito importante que você leia vários livros. De todo tipo. E que assista a muitos filmes, também.

Sinto dizer que todas as técnicas que você está aprendendo "estragarão", daqui para frente, a sua maneira de assistir a um filme ou ler um livro. Pois você perceberá o quanto é influenciado por essas questões que estamos levantando aqui, e nunca mais olhará pelo mesmo ângulo. Mas, se você quer dominar essas técnicas ou aprofundar suas habilidades, continue em frente.

Vários blockbusters utilizam Cenas de virada. É quase uma religião entre autores e roteiristas estrangeiros. Não acredita? Verifique o endereço  http://thescriptlab.com/screenwriting-101/screenplay/five--plot-point-breakdowns e note a relação de filmes que foram "depurados" por especialistas, desde clássicos a mais recentes.

Quanto à Cena de virada dos 50%, ela é chamada de "sem retorno", e você já deve estar familiarizado com o termo. Ela é extremamente presente em grandes histórias, pois esta cena está intimamente ligada à Amarração da trama.

Recorda-se da Premissa? O que amarra o seu protagonista ao livro?

Agora, que tal criar uma cena que *prove* isso?

Voltando a "Ponto Cego", Daniel Sachs insere um CD em um computador e assiste ao primeiro filme snuff de sua vida. Aterrorizado, ele quer descobrir por que Nilla escondeu o CD e deixou pistas para que ele encontrasse o objeto. E mais... Será que ela está viva depois disso? Ou ela foi vítima de um filme snuff?

Percebe que o personagem não se contentará a continuar sua vida sem a resposta? Encontrar Nilla é uma forma de recuperar sua vida do ponto onde ela parou! Se ela estiver morta, o personagem não se recuperará do trauma do início do livro.

Depois dos 50%, entramos na fase "complicações". É normal que o interesse do leitor diminua um pouco depois de passar da metade do livro. É quase psicológico. Mas precisamos segurá-lo dentro das páginas, não é?

Nesse instante, o autor ocupa o seu status de deus e "maltrata" ainda mais o protagonista. É a fase em que o antagonista mais atua para complicar a vida do personagem e impedi-lo de chegar ao seu objetivo final. Há uma série de conflitos que barrarão o avanço do protagonista, e consequentemente, ele fará mais esforço para ultrapassá-los.

(75%) – Entramos no Ato III do livro. É o momento em que você começa a dissertar o final da sua história, e eu espero que você saiba exatamente qual será ele. Aliás, Aristóteles já dizia: toda história deve ter início, meio e fim.

Uma das grandes frustrações dos leitores é perceber que o livro deu uma "cambalhota" ou que o autor decidiu apressar a resolução. Portanto, tenha calma. Lembre-se que todo o seu esforço para criar uma boa trama não pode ir em vão.

Percebo que, na maioria das vezes, essa Cena de virada está relacionada à morte de algum personagem secundário. Se pensarmos que deve ser uma cena de impacto, nada seria mais justo. Porém, há outras formas de surpreender um leitor. A revelação de um segredo importante nessa cena pode causar tanto impacto quanto o exemplo citado anteriormente. Ou a separação entre o protagonista e o seu par.

Ainda citando o livro "Ponto Cego", nesse ponto, tudo parece estar perdido para Daniel Sachs.

Descrevo a fase entre 75% e 90% como "empurrão final", pois é exatamente isso, como se o autor empurrasse as costas do leitor e dissesse a ele: continue em frente, só mais um pouquinho, que logo você se deliciará com o final da minha história.

Neste ponto, o grau de interesse do leitor volta a ascender vertiginosamente. Por isso também chamamos a Cena de virada dos 75% como "Revés".

(90%) – O clímax, claro. O ponto alto de tensão de um romance, resultante da convergência de vários conflitos que você propôs ao seu protagonista, e também onde se iniciará o desfecho. A função principal do clímax é voltar à questão central da trama. Aqui é quase uma obrigação que você apresente uma cena onde o protagonista e antagonista começam o derradeiro embate entre eles. Afinal, seu leitor esperou por esse momento depois de muitas páginas.

Lembre-se que, assim como na construção, você terá apenas 10% para apresentar o resultado final a partir desse trecho. Todos os nós deverão ser apertados, nada poderá ficar frouxo. E chegará a hora que você decidirá *quem* conquistará o seu objetivo.

Já citei isso antes, não é necessário que o protagonista vença, mas tome cuidado com a expectativa que você cria em seu leitor para não decepcioná-lo. Se optar por fazer o antagonista vencer, lembre-se de colocar uma mensagem boa ao final de tudo.

Recorda-se do final trágico de Romeu e Julieta, o clássico de William Shakespeare? Pois é.

**A última cena**

Há algo muito importante a se comentar sobre a última cena de um livro. Ela não é considerada uma Cena de virada, mas você pode perfeitamente utilizá-la para abrir caminho para uma continuação ou, como no caso de muitos romances policiais e thrillers (dou os louros a maioria dos livros de Harlan Coben, James Patterson e Dan Brown), criar uma reviravolta inesperada. Não é nem de longe uma obrigatoriedade, mas eu lhe diria que, a depender do gênero do seu romance, você deveria apostar alto nisso.

Uma última cena deve encantar o leitor tanto quanto a primeira.

Em "Ponto Cego", recebo muitos elogios pela última cena que criei. É algo que fica "obscuro" ao longo da trama, só revelado no final. Isso cria empatia com o leitor, uma sensação de satisfação.

**Exercício:**

Agora que você já teve uma boa noção do que são Cenas de virada (com exemplos) e a representação de cada uma delas em uma trama, que tal criar as 5 Cenas de virada do seu próximo livro? Entendo que se já tem um projeto escrito, você precisará se "reinventar", mas nada como pensar fora da caixa.

Preencha as linhas abaixo com o que você sugeriria para as suas cenas. Para ajudá-lo, aponto ao lado de cada percentual a que ela se refere. Novamente, observo que não é necessário se prolongar — seja objetivo. Lembre-se apenas que cada Cena de virada deve se referir ao protagonista.

10% (Oportunidade)

_____

_____

_____

25% (Mudança de planos)

_____

_____

_____

50% (Sem retorno)

_____

_____

_____

75% (Revés/Impacto)

_____

_____

_____

## 90% (Clímax)

_____

_____

_____

Por muito tempo, o diagrama das Cenas de virada ficou colado à parede do meu escritório para que eu me habituasse a ele. Se quiser, imprima-o e faça o mesmo.

| 1% | 10% | 25% | 50% | 75% | 90% | 100% |
|---|---|---|---|---|---|---|
| ESTÁGIO I | ESTÁGIO II | ESTÁGIO III | ESTÁGIO IV | ESTÁGIO V | ESTÁGIO VI | |

CONSTRUÇÃO — NOVA SITUAÇÃO — PROGRESSO — COMPLICAÇÕES — EMPURRÃO FINAL — RESULTADO

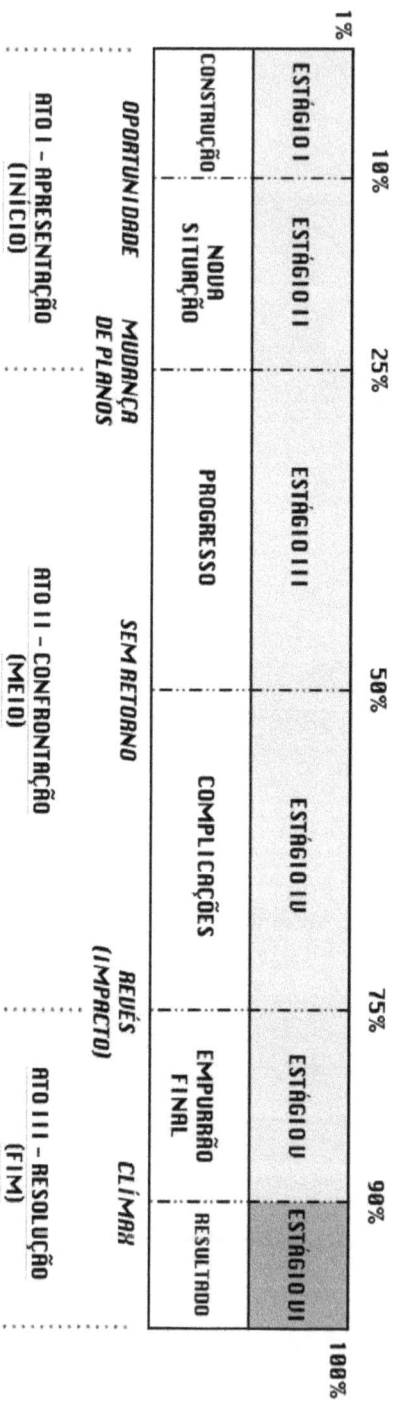

*OPORTUNIDADE* — *MUDANÇA DE PLANOS* — *SEM RETORNO* — *REVÉS (IMPACTO)* — *CLÍMAX*

**ATO I – APRESENTAÇÃO (INÍCIO)** — **ATO II – CONFRONTAÇÃO (MEIO)** — **ATO III – RESOLUÇÃO (FIM)**

## 3. Escaleta

A Escaleta é o plano de trabalho de um escritor, onde ele descreverá, de forma resumida, as cenas do seu livro de forma sequencial e progressiva. É o momento onde você se decidirá pela quantidade de cenas do seu livro e objetivará a unidade dramática, com a lógica e precisão necessárias a um bom contador de histórias.

Ao término da Escaleta, você estará pronto para escrever as cenas do seu livro.

Para não haver dúvidas posteriores, preencha a Escaleta sempre de modo claro e objetivando o conflito da cena, pois ela servirá de consulta a todo instante — às vezes, mesmo depois de um ou dois anos. Depois de finalizada, a Escaleta deverá ser seguida com rigor. Deletar cenas ou adicionar outras pode trazer desequilíbrio à trama — especialmente no que se diz das Cenas de virada. Portanto, o momento da criação da Escaleta é onde tudo poderá ser consertado. Só defina-a como *assunto liquidado* quando tiver absoluta certeza que é a história que você deseja contar.

Não pense que Escaletas são dispensáveis. Para você ter ideia da importância de uma Escaleta, Gabriel García Márquez, em seu livro "Como Contar um Conto", descreve a palavra "escaleta" várias vezes no texto. Em contrapartida, a Escaleta de um livro é bem mais simples que criar um roteiro, um passo indispensável para o cinema, TV e teatro. A não ser que você seja um coautor, ou seja, esteja desenvolvendo um livro em parceria com alguém, a Escaleta servirá exclusivamente para você. Com um roteiro, é bem mais complexo. Ele é projetado para ser consultado pela equipe que produzirá o filme, desde figurinistas até atores e a dupla produtor-diretor. É por isso que grande parte do foco de um roteiro cinematográfico baseia-se nos diálogos. Aqui, não será necessário.

O cerne do que você escreverá em cada cena da sua Escaleta é o *conflito*. Falamos bastante sobre ele neste guia, e você já deve ter ciência do quão importante ele é para a sua história.

Um exemplo simples de como diferenciar uma cena rasa de outra com conflito:

- O cachorro deitou na cama dele.

- O cachorro deitou na cama do gato, que não gostou nem um pouco.

Acelerar ou diminuir a narrativa é uma escolha do autor. Dificilmente você conseguirá fazer isso apenas no momento em que escreve as cenas. Portanto, ditar o ritmo de sua história é algo que pode ser resolvido na fase em que se constrói a Escaleta. Você conseguirá determinar um conjunto de cenas para aumentar o ritmo da história ou definir passagens em que seu personagem deverá ir mais fundo na emoção e chamar atenção a certos detalhes da trama.

**Quanto tempo demora para se finalizar uma Escaleta?**

Como em todas as outras fases, não há resposta concisa. Tudo dependerá da sua rotina e determinação.

Tente não construir uma Escaleta de uma só vez. Procure separar um tempo por dia para a tarefa e estipule um prazo final para si mesmo. Desenvolva a Escaleta por partes (as Cenas de virada podem servir para determinar esses limites). Ainda assim, se não cumprir o prazo estipulado, não seja tão exigente consigo. É melhor ter uma Escaleta bem resolvida nas mãos do que uma feita às pressas. Também não escreva a Escaleta se não tiver a Premissa pronta.

Na primeira Escaleta que produzir, procure começar com 60 cenas. Pense que, se posteriormente você escrever uma média de 1.000 palavras em cada cena, isso formará um manuscrito de 60.000 palavras, um tamanho confortável para editores. A depender da diagramação, significará um livro entre 192 e 256 páginas, não muito grande (e não tão oneroso). E se você acha que 60 cenas não serão suficientes, dá para escrever uma história e tanto!

É muito fácil construir um modelo de Escaleta

Quer ver? Siga o passo a passo abaixo. Você pode utilizar qualquer editor de planilhas eletrônicas que possuir no computador, e basta conhecimento básico.

1º. passo: Inicie uma nova planilha.

2º. passo: Crie o cabeçalho conforme abaixo:

| QUANDO | % | # | PDV | O QUÊ | ONDE | EMOÇÃO INTERNA | EMOÇÃO EXTERNA |
|--------|---|---|-----|-------|------|----------------|----------------|
|        |   |   |     |       |      |                |                |

3º. passo: Adicione linhas posteriores, até 60 linhas, numerando-as.

| QUANDO | % | # | PDV | O QUÊ | ONDE | EMOÇÃO INTERNA | EMOÇÃO EXTERNA |
|--------|---|---|-----|-------|------|----------------|----------------|
|        |   | 1 |     |       |      |                |                |
|        |   | 2 |     |       |      |                |                |
|        |   | 3 |     |       |      |                |                |

4º. passo: Marque as Cenas de virada (10%, 25%, 50%, 75% e 90%).

| QUANDO | % | # | PDV | O QUÊ | ONDE | EMOÇÃO INTERNA | EMOÇÃO EXTERNA |
|--------|-----|----|-----|-------|------|----------------|----------------|
|        |     | 1  |     |       |      |                |                |
|        |     | 2  |     |       |      |                |                |
|        |     | 3  |     |       |      |                |                |
|        |     | 4  |     |       |      |                |                |
|        |     | 5  |     |       |      |                |                |
|        | 10% | 6  |     |       |      |                |                |
|        |     | 7  |     |       |      |                |                |
|        |     | 8  |     |       |      |                |                |
|        |     | 9  |     |       |      |                |                |
|        |     | 10 |     |       |      |                |                |
|        |     | 11 |     |       |      |                |                |
|        |     | 12 |     |       |      |                |                |
|        |     | 13 |     |       |      |                |                |
|        |     | 14 |     |       |      |                |                |
|        | 25% | 15 |     |       |      |                |                |

5º. passo: Salve o arquivo-modelo em uma pasta.

Pronto! Agora, sempre que precisar, você terá um modelo de Escaleta à mão para desenvolver as suas histórias.

É possível criar modelos de Escaletas com mais ou menos linhas, basta salvá-los em arquivos separados. Mas o ideal é que cada uma delas tenha a configuração de cabeçalho que expus aqui (acredite, é a mesma que utilizo para todos os meus livros).

Uma vez criada, a Escaleta está pronta para ser completada. Então, que tal preencher as linhas com as cenas? Para isso, vamos compreender qual o sentido de cada coluna.

**QUANDO** — à primeira vista, o "quando" não parece tão importante assim. Você deve estar pensando, "é muito fácil controlar o tempo em que se passa a minha história". Não é tão simples. Tive um aluno que, enquanto escrevia uma trama policial, cometeu um deslize: um personagem havia sido assassinado com uma única facada durante a madrugada. No dia seguinte, o corpo foi descoberto. A cena era descrita por um policial que sugeria "alto estado de decomposição do corpo", sendo até mesmo difícil respirar dentro do cômodo. Em poucas horas? Me parece improvável. O escritor, certamente, ignorou o "quando" da história.

Você pode preencher o "quando" com "1º. dia" e seguir adiante com a soma dos dias subsequentes ("2º. dia", "3º. dia", etc.). Também pode diferenciar em turnos: "1º. dia – manhã", "1º. dia – tarde", "2º. dia – manhã". Em passagens de tempo mais longas, "22º. dia de agosto", "Um ano depois". Mas não ignore o "quando".

**%** — é uma coluna que serve apenas para apontar as Cenas de virada. Não há necessidade de preencher as linhas em branco.

**#** — já foi preenchida quando você numerou a planilha modelo.

**PDV (Ponto de Vista)** — não é meu objetivo tratar sobre Ponto de Vista neste guia, mas basicamente se trata do enfoque narrativo pelo qual a cena será contada, ou seja, um dos personagens narrará a cena através dos cinco sentidos dele. A forma como ele interpreta o que acontece à sua volta e como expõe esses acontecimentos para o leitor é o que produz PDV.

Uma história pode ter vários personagens detentores de Ponto de Vista, ou apenas um (nesse caso, o protagonista). Você deve se perguntar: quantos personagens contarão a minha história?

Entendo que histórias que possuem apenas um único PDV são desafiadoras, pois a habilidade técnica do autor precisa se sobressair. Por exemplo, pode ser bem complicado fazer o leitor compreender as ações de um antagonista sob o PDV de um protagonista. Em contrapartida, não é porque você tem X personagens na história que todos precisarão deter PDV nas cenas.

Utilizo aqui dois livros meus como exemplo. Em "A Última Nota", temos apenas um personagem detentor do PDV (Alicia). Em "Para Continuar", três personagens (Leonardo, Ayako e Ho). Repare que nos dois casos há muitos outros personagens nos livros, mas eu não preciso contar a história com mais do que estes.

De qualquer forma, neste campo você deverá declarar qual o personagem que "contará" os acontecimentos da cena, apenas isso. Portanto, coloque-se no lugar dos seus personagens e defina quem é o melhor para executar a tarefa.

O QUÊ — com certeza o campo mais importante. É aqui que você explorará o *cerne* da cena, onde o conflito deverá estar implícito. O que acontece em cada cena do livro lhe mostrará os caminhos que seus personagens tomarão ao longo da história — seus desafios, suas escolhas, erros e acertos, etc.

É muito importante que você preencha este campo com apenas duas ou três linhas. Seja bem objetivo, ou seja, deixe para trabalhar as cenas no momento em que for escrevê-las. Pense por imagens e exponha as ações dos personagens. Esqueça diálogos. Um bom exercício é ler a cena de um livro e tentar resumi-la para caber num espaço semelhante a este.

Veja como eu descrevo o "o quê" de uma das cenas do meu livro "Belleville":

*Lucius chega à casa alugada que utilizará enquanto cursa a faculdade. Nos fundos do terreno, descobre a estrutura de uma estranha construção abandonada (montanha-russa).*

Observo mais uma vez que a Escaleta é feita para ajudar o próprio autor, portanto, não preciso justificar por que coloquei a palavra "montanha-russa" entre parênteses — uma vez que apenas eu devo me atentar sobre o que se trata.

Entenda que neste campo você precisa descrever "o que" acontece na cena, não "o que" acontece num período entre cenas.

ONDE — tão importante quanto o "quando", o "onde" situa o cenário da cena. Nesse caso, você pode ser sintético ou analítico. Pode simplesmente anotar "casa" ou situar um cômodo ou local específico "prédio – escritório – escada de acesso", "casa – próximo à lareira", "museu – porta de emergência", etc.

Em caso de transições de lugar, não há problema assinalar dois ou mais sítios no mesmo campo.

**EMOÇÃO INTERNA** — se você fosse listar pelo menos três sentimentos do seu personagem detentor do PDV durante o desenrolar da cena, em que circunstâncias emocionais essa cena seria mostrada?

Que tal deixá-lo:

- Ansioso (início)

- Paranoico (meio)

- Aliviado (fim)

Há uma infinidade de sentimentos que você pode adotar em seu personagem. Ele agirá conforme as emoções e o melhor é que isso acarretará em reações imprevisíveis para a cena.

Ao invés de ficar no lugar comum, tente sair do óbvio e alcance novos horizontes.

**EMOÇÃO EXTERNA** — a emoção interna corrobora com a emoção externa. É aqui que os 5 sentidos do personagem detentor do PDV dão vida a ele e exteriorizam seus sentimentos.

Imagine uma câmera perseguindo a todo instante este personagem. Como você conseguiria "filmar" os três sentimentos que listou anteriormente no campo "emoção interna"?

- Ansioso – bate o pé descontroladamente

- Paranoico – levanta-se três vezes para verificar se a fechadura da porta está trancada

- Aliviado – desaba sentado na cama e deixa os ombros caírem

Depois que você listar as emoções internas e emoções externas na Escaleta, não se esqueça de utilizá-las dentro da cena para "dar vida" ao personagem.

Espero que, a partir de agora, você esteja convencido do quão importante é construir a Escaleta antes de escrever o seu livro.

Nenhum trabalho que sugeri neste guia é descartável. Seja paciente. Se não estiver satisfeito, refaça. Esse é o momento de errar.

Mesmo que não conte com a orientação de um profissional, saiba que existe um aliado poderoso ao seu alcance chamado "internet". Há muitos exemplos de Escaletas por aí, basta procurá-los. Portanto, estude sempre que for necessário.

**Exercício:**

Se você cumpriu as duas tarefas anteriores, Premissa e Cenas de virada, acredito que tenha condições de se aventurar a descrever todas as cenas da sua próxima trama.

Crie a sua planilha, salve-a e comece a preenchê-la.

Lembre-se de todas as dicas e exemplos descritos aqui. Você não precisa aceitar a primeira versão que criar, e sim, a melhor versão. E estará com a mente afiada para o próximo desafio — escrever as cenas do seu livro.

## Parte III

## Considerações finais

Agora que você chegou até aqui, quero agradecê-lo por ter disponibilizado seu tempo lendo este guia e deixo algumas considerações de como lidar com a sua carreira.

A humildade sempre deve fazer parte do escritor, seja ele um amador ou com nível avançado. Certa vez recebi um e-mail de uma pessoa que escreveu: "Analise meu manuscrito que ele será o próximo Best-seller da sua editora!". Otimismo é excelente, mas com moderação.

Se um editor escolhe seu manuscrito para ler e chega ao final, você já pode considerar isso como um prêmio. E observe: ainda assim, pode não representar nada.

Existem muitas variantes para se assinar um contrato com uma editora, mesmo que o manuscrito seja bom: momento econômico e político, nicho do mercado, expectativa do público-alvo, etc. Já vi autores saírem de uma editora para outra e ficarem à sombra de autores da casa com mais prestígio. Portanto, avalie bem as opções e tenha certeza das decisões que virá a tomar. Se possível, converse com escritores mais experientes.

Comece hoje mesmo! Você vai se lembrar que hoje será difícil porque passou o dia no trabalho, buscou seus filhos no colégio, fez o jantar, está cansado, resfriado ou aquele filme imperdível vai estrear na TV em alguns instantes. Pense dessa forma: se não começar, não terá o que terminar. Escrever romances é algo desafiador até mesmo para os mais experientes. Muitos não conseguem passar das primeiras páginas. Portanto, comece hoje. Não espere pelo momento certo, pois ele está ocorrendo nesse instante.

Depois que começar, tenha como meta terminar o livro. Muitos maratonistas não estão preocupados em ser o primeiro a cruzar a linha de chegada, e sim, apenas em cruzá-la. É mais ou menos por aí. A não ser que você seja um autor renomado, com um contrato de milhares de reais dentro de sua gaveta (e isso também pode se tornar um inferno!), você não tem prazo para terminar seu livro. Mas isso não quer dizer que você não deva perseguir o final dele. Se está livre do "P" do prazo, não despreze o "P" da perseverança (ou persistência). Ela é importante para se atingir qualquer meta, seja na vida pessoal ou profissional.

O terceiro "P" é o da paciência. Escrever um livro com 100 mil palavras, por exemplo, pode levar mais de um ano. Separe um tempo precioso para ele. Como disse antes, você precisará deixar seus amigos e família de lado. Você recusará convites a passeios. Precisará se distanciar das redes sociais. E o pior: ideias novas surgem a todo instante para afastá-lo da sua meta atual. Se isso acontecer, anote-as e guarde-as. Nunca inicie um projeto sem terminar o anterior. Olhe para o topo da escada e suba devagar, degrau por degrau.

Quando terminar, esqueça as pessoas próximas que só elogiam o seu livro. Tenha certeza que, se quiser comentários sérios, deverá nadar mais longe. Concentre-se no leitor desconhecido, pois é ele que você deverá emocionar.

Se tiver condições financeiras, procure um parecerista crítico (observe o histórico dele, não pense apenas no valor a ser pago). Não escreva para si próprio, a não ser que esteja fazendo um diário. Literatura é vida, e o leitor precisa se sentir vivo dentro do seu livro.

Nunca ache que seu livro nasceu Best-seller! Não se equipare a autores consagrados. Espelhe-se nos seus autores prediletos, mas sem se comparar a eles. Cada um possui uma história de superação, dificilmente alguém alcança sucesso com apenas um livro. Faça cursos. Faça workshops. Coachings. Procure a informação. Esteja sempre aberto ao aprendizado. Treine, exercite, experimente. Altere o texto quantas vezes for necessário.

Mais uma vez, tenha "P"aciência!

Se você já é um autor com editora garantida, tenha cuidado com modismos. Um escritor deve estar sempre à frente do mercado. A não ser que você escreva em tempo recorde e a sua editora faça um esforço sobrenatural para colocar seu livro nas livrarias, poderá ser tarde. Escrever com pressa é uma tortura. Os modismos surgem de fora para dentro. Pesquise, converse com um editor. Além disso, pense que deve escrever algo que gosta, que domina. Se for para adotar modismos, seja o desbravador, não um seguidor.

E se você acha que existem várias maneiras de profissionalizar sua escrita, você já demonstrou um avanço com este guia. É o momento em que o sonho sai pela janela e o profissionalismo entra pela porta.

A mudança começa aqui e agora.

Que assim seja escrito.

# Sobre o autor

**Felipe Colbert** nasceu no Rio de Janeiro. Além de escritor, palestrante e coach literário, ocupa o cargo de editor desde 2015. Possui trabalhos publicados no Brasil e na Europa. Iniciou a carreira escrevendo thrillers vencedores de prêmios. Já idealizou projetos literários que beneficiaram centenas de escritores com a aplicação de técnicas internacionais de estruturação de romances. Alguns de seus livros ocuparam listas de mais vendidos. Também foi recordista de vendas na Bienal do Livro de 2014, sendo destaque em matérias especializadas. Atualmente, mora na cidade de São Paulo.

Para saber mais:

http://www.felipecolbert.com.br/
http://www.serescritor.com.br/